Cocina marroquí

H KLICZKOWSKI

HK

Concepto: **Paco Asensio, Hugo Kliczkowski**
Directora de arte: **Mireia Casanovas Soley**
Diseño gráfico: **Gisela Legares Gili**

ISBN: 84-96048-62-4
D.L.: B-1.681/2003

H Kliczkowski-Onlybook, S.L.
La Fundición, 15. Polígono Industrial Santa Ana
28529 Rivas-Vaciamadrid. Madrid
Tel.: +34 91 666 50 01
Fax.: +34 91 301 26 83
asppan@asppan.com
www.onlybook.com

Impreso en: Ferré Olsina Industria Gràfica,
Barcelona, España

Muy fácil

Fácil

Difícil

Cocina marroquí

Chorba con albóndigas de paloma y hortalizas

4 personas . tiempo de preparación: 40 min . tiempo de cocción: 40 min

4 palomas de 450 g . 2 cebollas . 100 g de puerros . 100 g de zanahorias
100 g de rama de apio . 1/2 manojo de perejil . 1/2 manojo de cilantro . 1 huevo
100 g de pasta de cabello de ángel . 1 cucharadita de café de colorante alimentario
2 cucharadas soperas de aceite vegetal . sal . pimienta . caldo: 1 hoja de laurel
1 rama de tomillo . 1 diente de ajo . 1 rama de apio . 2 ramas de perejil
2 ramas de cilantro . sal . pimienta . para decorar: perejil

Limpie las 4 palomas. Deshuese y extraiga las pechugas. Reserve las carcasas para el caldo.

Separe la clara de la yema del huevo y reserve la clara. Extraiga la piel de las pechugas y córtelas en daditos. Triture la carne y mézclela con la clara de huevo. Resérvela en la nevera.

En una cazuela, prepare el caldo: introduzca las carcasas de las palomas, el tomillo, el laurel, el diente de ajo, el apio, el perejil y el cilantro. Vierta agua hasta cubrirlo todo. Salpimiente. Hierva el caldo unos 20 min. Páselo por el chino.

Pele las zanahorias, los puerros y las cebollas y córtelos en daditos, así como el apio. Lave el perejil y el cilantro y píquelos con el cuchillo.

En una cazuela con 2 cucharadas soperas de aceite vegetal, sofría las verduras junto con el perejil y el cilantro picados. Vierta el caldo. Añada el colorante. Cueza la sopa unos 15 minutos. Prepare las albóndigas de paloma.

Introduzca en la sopa los fideos y las albóndigas y cuézala 5 minutos más. Rectifique la sazón. Sirva la chorba en los platos, decorada con perejil picado.

Cuando llega el invierno, los habitantes de Fez consumen para entrar en calor la chorba con albóndigas de paloma y hortalizas.

La carne de paloma, muy apreciada por los marroquíes, es delicada y tiene un sabor sutil. Esta ave se considera un manjar de lujo y se encuentra en el mercado en primavera y verano. Escoja preferiblemente palomas de granja, no de criadero. Si piensa que tendrá dificultades para separar las pechugas, pida en la pollería que se lo hagan. No olvide, sin embargo, conservar las alas y las carcasas para hacer el caldo.

Chorba de paloma y nueces

4 personas . tiempo de preparación: 20 min . tiempo de cocción: 1 h y 5min

2 palomas de 450 g . 2 cebollas . 100 g de cebollitas frescas . 100 g de nueces molidas
20 g de mantequilla rancia . 1 manojo de perejil . 1 manojo de cilantro
1/2 cucharadita de café de jengibre en polvo . 1 rama de canela . sal . pimienta
para decorar: 30 g de medias nueces

Pele las 2 cebollas y córtelas finamente. Limpie y aclare las cebollitas frescas.
Lave el perejil y el cilantro. Escúrralos. Con un cordón, átelos juntos por el tallo.
Introduzca en una cazuela las palomas, la cebolla cortada, el ramillete de perejil y cilantro, la rama de canela, la mantequilla y el jengibre. Vierta agua hasta cubrir. Salpimente. Cuézalo alrededor de 1 h.
Retire las palomas. Añada las cebollitas frescas.
Con los dedos, separe la carne de las palomas de los huesos y desmigájela.
Incorpore en la sopa las nueces molidas. Añada la carne de paloma. Remueva con una espátula. Cuézalo 5 min más. Distribuya la chorba entre los platos y decórelos con las medias nueces.

La chorba de paloma y nueces no tiene nada de popular. Esta receta, que se remonta al período de los Glaoui, pachás de Marrakech, es un manjar de lujo. Según la leyenda, en la mesa de esta dinastía de grandes señores que reinaban sobre el valle del río Dadès, en el sur de Marruecos, cada día se debían presentar platos extraordinarios.

Por lo general, los marroquíes utilizan cabello de ángel o arroz para dar cuerpo a la chorba de paloma. Pero para satisfacer los deseos del pachá, ésta se hacía con harina de nuez. Esta última es muy nutritiva y una excelente fuente de cobre y magnesio.

Chorba mediterránea

4 personas . tiempo de preparación: 20 min . tiempo de cocción: 35 min

160 g de gambas peladas . 160 g de calamares . 160 g de filete de pescado blanco
8 cucharadas soperas de cabello de ángel . 100 g de champiñones . 2 cebollas
4 dientes de ajo . 1 manojo de perejil . 1 manojo de cilantro . 1 g de hebras de azafrán
4 cucharadas soperas de concentrado de tomate . 2 tomates frescos
1 cucharada sopera de aceite de oliva . 1 cucharada sopera de aceite de cacahuete
1 cucharada sopera de fécula de maíz . sal . pimienta

Corte el filete de pescado, las gambas peladas, los champiñones, las cebollas y el ajo en daditos muy pequeños. Corte las cabezas de los calamares, retire las tripas, la espina central y la piel. Dé la vuelta a los calamares como un calcetín, lávelos y píquelos.

En una cazuela, sofría un instante en la mezcla de aceites de cacahuete y oliva las cebollas y el ajo picados, espolvoreados con el azafrán. Añada los calamares. Cuézalo 3-4 min con un poco de agua. Salpimente.

Agregue los daditos de pescado, gambas y champiñones. Mezcle. Llévelo a ebullición. Pele y pique los tomates. Deslía el concentrado de tomate en un bol con agua y viértalo en la sopa, así como los tomates picados. Cuézalo 10 min a fuego moderado.

Incorpore entonces el cabello de ángel, y después el perejil y el cilantro finamente cortados. Rectifique la sazón. Cuézalo unos cinco minutos más. Deslía la fécula de maíz en una taza de agua. Viértala en la sopa y mantenga la cazuela en el fuego, sin dejar de remover, hasta que la sopa se espese. Presente la chorba en una bonita sopera.

Los cocineros marroquíes proponen una gran variedad de sopas conocidas con el nombre genérico de chorba.

Bouchaïb Kama presenta aquí una receta de las regiones costeras, preparada con frutos de mar y pescado blanco: en árabe se llama chorba belhut. Pero la imaginación de los chefs marroquíes en materia de chorba no tiene límite: harira con tomate, cilantro y cordero, chorba de hortalizas, de fideos con pollo, de gambas y champiñones con fideos y cilantro...

Chorba de Essauira

4 personas . tiempo de preparación: 15 min . tiempo de cocción: 35 min

1 lubina de 1 kg . 1 bulbo de hinojo de 200 g . 100 g de rama de apio . 200 g de cebollas
1 manojo de perejil . 1 manojo de cilantro . 200 g de mantequilla
1/2 cucharadita de café de nuez moscada . 2,5 litros de caldo de pescado
1 cucharadita de café de pimienta . 1/2 cucharadita de café de sal

Escame y aclare el pescado con agua fría. Córtelo en rodajas grandes. Déjelo escurrirse en un colador mientras prepara el resto de los ingredientes.

Pele las cebollas y el bulbo de hinojo. Córtelos en daditos, así como el apio. Pique el perejil y el cilantro con el cuchillo. Reserve los ingredientes en recipientes distintos.

En una cazuela, funda la mantequilla y sofría el perejil y el cilantro junto con la cebolla y el apio. Dórelo 5 min a fuego suave, removiendo de vez en cuando.

Incorpore el hinojo, remueva con una espátula. Salpimente y añada la nuez moscada. Sofríalo todo junto otros 5 minutos, removiendo, a fuego medio.

Vierta el caldo de pescado y deje cocer la sopa, a fuego medio, 20 min.

Incorpore finalmente los trozos de pescado, y déjelo hervir a fuego vivo un máximo de 5 minutos, de manera que el pescado no se cueza demasiado.

La chorba de Essauira, una sopa propia de una país generosamente soleado, se apreciará también en cualquier otro país en cuyo mercado se pueda encontrar pescado recién capturado. La originalidad de esta sopa de lubina radica en su lado especiado: robustez de la nuez moscada y sabor finamente anisado del hinojo. La composición de esta chorba puede variar tanto como la de la bullabesa de Marsella.

Tanto la lubina como el sábalo se preparan en salsa o fritos en la sartén, y se acompañan con una salsa llamada chermula, una mezcla de aceite, vinagre, cilantro, comino y pimentón rojo, picante o dulce. El caldo de pescado no es indispensable, pero se puede adquirir preparado en las tiendas de alimentación. Lo ideal es preparar caldo en cantidad suficiente y conservarlo en el congelador. Completará finamente la sopa.

Harira con arroz e higos secos

8 personas . tiempo de preparación: 15 min . tiempo de cocción: 1 h 45 min

200 g de garbanzos . 150 g de pechuga de pollo . 1 manojo de cilantro fresco . 1 cebolla
1 manojo de perejil . 100 g de rama de apio . 50 g de arroz . 2 sobres de colorante color azafrán
250 g de concentrado de tomate . 10 cl de aceite de mesa . 1 cubito de caldo de pollo
6 huevos . 100 g de harina . sal . pimienta . para acompañar: limones . higos secos

El día anterior, ponga los garbanzos en remojo. Cueza el arroz 20 min en agua salada. Con un cuchillo, pique el perejil y el cilantro. Pele la cebolla y córtela en daditos, así como la rama de apio.

Caliente el aceite en una cazuela. Sofría los ingredientes picados anteriormente, removiendo. Añada los garbanzos escurridos y la pechuga de pollo cortada en dados.

Agregue el colorante, sal y pimienta, el cubito de caldo de pollo desmenuzado y el concentrado de tomate. Añada 1,5 l de agua. Cuézalo 1 h.

Diluya la harina en un bol con agua. Viértala en la sopa y, al fuego, bata con el batidor de varillas para espesar la preparación, unos 15 min.

Hacia el final de la cocción, añada el arroz cocido y escurrido.

Rompa los huevos en un bol. Viértalos en la sopa. Déjela cocer 2-3 min y retírela del fuego. Sírvala acompañada con cuartos de limón e higos secos.

La harira es una sopa muy energética que se confecciona con legumbres perfumadas con cilantro, perejil y tomate. De acuerdo con las preferencias personales, se le incorporan trocitos de cordero o pollo, bolitas de carne (kefta), o incluso un hueso, para darle aroma. La sopa se espesa con harina desleída en agua. Según la región, se enriquece con fideos, arroz o incluso huevos. Nuestro chef ha optado por estos dos últimos ingredientes para realizar su receta.

En Marruecos, las legumbres son muy utilizadas en invierno, sobre todo en las montañas de clima riguroso: garbanzos, lentejas y habas secas figuran entonces en las comidas cotidianas. La cuenca del Sais, situada entre Meknès y Fez, tiene mucha fama por este tipo de producción. Como las judías secas, los garbanzos maduran dentro de vainas, pero en estado fresco su sabor no presenta interés.

Si se hacen a la plancha confeccione las brochetas con pinchos de madera bastante grandes, caliente dos cucharadas soperas de aceite vegetal y ase rápidamente el pollo por todos los lados. Después, introduzca las brochetas 5 min en el horno, a 180° C.

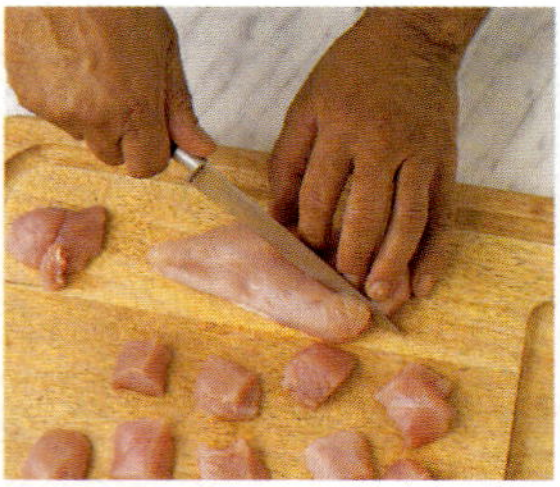

Brochetas de pollo sussia

4 personas . tiempo de preparación: 30 min . adobo del pollo: 30 min
600 g de pechugas de pollo . 1 cebolla . 1/2 manojo de cilantro fresco . 2 dientes de ajo 1 cucharada sopera de ras el hanut (mezcla de especias marroquíes) . 1 limón verde 1/2 cucharadita de café de hebras de azafrán . 2 cucharadas soperas de aceite de argán sal . pimienta . tapenade: 100 g de aceitunas verdes deshuesadas 1 limón confitado . 1 cucharada sopera de aceite de argán

Corte las pechugas de pollo parcialmente desgrasadas en dados grandes regulares.
Exprima el limón verde. Pele la cebolla y córtela finamente. Pique el cilantro y los dientes de ajo.
En una ensaladera, mezcle los dados de pollo con la cebolla, los dientes de ajo y el cilantro picados y el zumo del limón verde.
Vierta 2 cucharadas soperas de aceite de argane. Salpimente. Añada el ras el hanut y las hebras de azafrán. Deje el pollo en adobo 30 min.
Para preparar la tapenade, triture las aceitunas verdes deshuesadas.
Añada la cáscara del limón confitado y triture. Incorpore 1 cucharada sopera de aceite de argane. Reserve.
Confeccione las brochetas de pechuga de pollo. Áselas en la barbacoa y sírvalas acompañadas con la tapenade.

*Estas brochetas de pollo son típicas de la región de Agadir. Capital agrícola de la región de Sous, esta ciudad termal situada en la costa atlántica posee una gastronomía rica y variada.
En esta receta, las pechugas de pollo se asan al aire libre, en la barbacoa.
Si no dispone de jardín también se pueden preparar a la plancha.*

Calamares rellenos a la tangerina

4 personas . tiempo de preparación: 30 min . tiempo de cocción: 30 min

1 kg de calamares . 250 g de arroz . 1 manojo de perejil . 1 manojo de cilantro . 100 g de ajo
2 pizcas de cayena . 5 cl de aceite de oliva . sal . pimienta . para decorar: 1 limón verde

Para vaciar los calamares, estire de la cabeza y extraiga con suavidad las vísceras. Elimine el cartílago central. Aclare las bolsas obtenidas. Corte los tentáculos y arranque la boca. Escalde los tentáculos 5 min en agua hirviendo. Reserve las bolsas. Ponga a hervir abundante agua salada en una cazuela. Cueza el arroz 10 min.

Con un cuchillo, pique sucesivamente el perejil, el cilantro y los tentáculos de los calamares escaldados. Pele y pique el ajo.

En una cazuela, vierta un chorrito de aceite de oliva. Coloque en su interior el arroz, los 3/4 del cilantro y el perejil, 80 g de ajo y los tentáculos de los calamares. Mezcle bien al fuego.

Sazone el relleno de arroz con pimienta, sal y 1 pizca de cayena. Sofríalo 3-4 min, removiendo.

Rellene los calamares con la preparación. Cierre el extremo de cada uno con un palillo. En una cazuela, sofría en aceite el resto del cilantro, el perejil y el ajo, con sal, pimienta y guindilla. Cueza los calamares 10 min en esta salsa. Sírvalos decorados con limón verde.

Tiernamente rellenos con una preparación de arroz perfumada con hierbas y ajo, los calamares que aquí presenta M'hamed Chahid se disponen sobre una salsa roja muy aromática. En su restaurante, nuestro chef los presenta también a veces sobre un lecho de perejil, cubiertos con la salsa.
Los barcos marroquíes proporcionan, en abundancia y durante todo el año, una gran cantidad de cefalópodos: calamares, sepias, pulpos... En los mercados marroquíes se pueden adquirir de todos los tamaños. Para realizar este plato tradicional, nuestro chef emplea calamares medianos, de unos 7 u 8 cm.

Los marroquíes aprecian en gran medida los calamares rellenos. Muchas veces los preparan con una guarnición de merluza y chermula. Los pequeños restaurantes de los puertos los sirven asados a la brasa, para gran placer de los transeúntes.

La ciudad imperial de Fez posee la particularidad de haber conservado a través del tiempo el secreto de su pasado. En esta ciudad en que el misterio permanece, el repertorio culinario se transmite todavía de madre a hija.

Dorada con calabaza m'aassla

4 personas . tiempo de preparación: 35 min . tiempo de cocción: 40 min

4 doradas de 350 g . 1 kg de calabaza . 200 g de azúcar de grano fino
1 cucharadita de café de canela en polvo . 3 cucharadas soperas de aceite vegetal . sal
Chermula (adobo): 3 dientes de ajo . 2 limones . 1/2 manojo de perejil
1/2 manojo de cilantro . 1 cucharadita de café de hebras de azafrán
1 cucharadita de café de pimentón dulce . 1 cucharadita de café de canela en polvo
1 cucharadita de café de comino . 5 cl de aceite vegetal . sal . pimienta
para decorar: 2 huevos . medias nueces . hojas de perejil

Pele y corte la calabaza en trozos. Hiérvala 10 min en agua salada. Para la decoración del plato, hierva los dos huevos y pélelos. Resérvelos.

Escurra los trozos de calabaza. En una cazuela, póngalos a cocer con 3 cucharadas soperas de aceite vegetal. Añada 1 cucharadita de café de canela en polvo y el azúcar de grano fino.

Cuando la calabaza esté caramelizada, cháfela con el reverso de un tenedor para obtener un puré.

Prepare las 4 doradas: escámelas, corte las aletas y vacíelas. Lávelas con agua clara.

Elabore la chermula con el zumo de los limones, los dientes de ajo majados, el perejil y el cilantro picados, las hebras de azafrán, el comino, el pimentón, la canela en polvo, el aceite vegetal, la sal y la pimienta. Mezcle bien. Unte las doradas con la chermula.

Disponga las doradas en una fuente para el horno. Mezcle el resto de la chermula con agua. Viértala en la fuente. Cueza las doradas al horno, a 180° C, entre 25 y 30 min. Disponga las doradas en los platos. Cúbralas con puré de calabaza y decore con finas láminas de huevo duro, medias nueces y perejil.

Filetes de cabracho de Mogador

4 personas . tiempo de preparación: 40 min . tiempo de cocción: 15 min

16 trozos de filete de cabracho de 50 g . 200 g de pimientos verdes
200 g de pimientos rojos . 100 g de harina . 1 cucharada sopera de aceite de oliva
aceite para freír . chermula: 2 dientes de ajo . 2 limones . 1 manojo de perejil
1 manojo de cilantro . 1 cucharada sopera de pimentón dulce
1 cucharada sopera de comino . 1/2 cucharadita de café de canela en polvo
3 cucharadas soperas de aceite de oliva . sal . pimienta . para decorar: 1 limón confitado

Corte los filetes de cabracho en rodajas finas y regulares.

Unte ligeramente los pimientos rojos y verdes con aceite de oliva. Introdúzcalos en el horno, bajo el gratinador, unos 10 min. Después, déjelos unos minutos dentro de una bolsa de plástico bien atada. Aclárelos, pélelos y córtelos en tiras finas.

Elabore la chermula mezclando en una ensaladera el zumo de los limones con el ajo chafado y el cilantro y el perejil picados. Añada el pimentón dulce, la canela en polvo, el comino y el aceite de oliva. Salpimente y mezcle bien.

Disponga la harina en una plato. Reboce delicadamente los filetes de cabracho.

Caliente el aceite en una fuente para el horno y fría los filetes de pescado.

Vierta la chermula sobre los filetes. Introdúzcalos en el horno, a 180 °C, unos 5 min. Resérvelos. Coloque las tiras de pimiento en la fuente y cuézalas suavemente con la chermula. Disponga los filetes en los platos, con los pimientos. Decore con cáscaras de limón confitado.

Mogador hizo soñar tanto a los hombres a través de los siglos que hoy día todavía hay quien no puede olvidar su nombre. Rebautizada como Essauira con la independencia marroquí, esta ciudad marítima situada en la costa atlántica despertó la codicia de muchos invasores.

Convertida hoy día en un enclave termal de fama mundial, Essauira es una ciudad aparte. Su medina, rectilínea, es única, así como el azul de las casas... Pero esta ciudad portuaria es también conocida por sus numerosas especialidades de pescado.

La pastilla del puerto viejo

4 personas . tiempo de preparación: 30 min . tiempo de cocción: 25 min

500 g de lubina . 300 g de calamares pequeños . 100 g de champiñones frescos
125 g de gambas rosadas peladas . 30 g de mantequilla fresca . 200 g de fideos chinos
350 g de hojas de brik . 1 huevo . aceite de mesa . adobo: 10 g de perejil
20 g de cilantro fresco . 1 pizca de pimentón dulce . 1 pizca de comino en polvo
10 g de ajo . 30 g de limón confitado . 8 cl de aceite de oliva
sal . pimienta . para decorar: 20 g de perejil . 4 limones . 4 gambas rojas medianas

Corte la cabeza de la lubina a la altura de los oídos. Corte las aletas. Deslice el cuchillo a lo largo de la espina central para despegar los dos filetes. Elimine la piel. Corte la carne en daditos.

Limpie los calamares y córtelos en daditos. Prepare los champiñones: aclárelos, séquelos y córtelos en láminas.

Para el adobo, mezcle el perejil y el cilantro picados con el pimentón, el comino, el ajo chafado, el limón confitado picado, sal, pimienta y aceite de oliva. Agregue los trozos de calamar, las gambas peladas y los daditos de pescado. Viértalo en una sartén con aceite y mantequilla.

Incorpore los champiñones. Sofríalo todo. Vierta un poco de agua fría y cuézalo a fuego vivo, removiendo. Por otro lado, cueza los fideos chinos en agua hirviendo, escúrralos, introdúzcalos en la sartén y déjelo cocer todo 5 min.

Cuando el relleno se haya enfriado, deposítelo sobre una hoja de brik. Pliéguela en forma de rectángulo. Colóquelo sobre otra hoja de brik, dóblela de abajo arriba por cada lado del rectángulo. Selle los bordes con huevo batido.

Caliente aceite en una sartén. Dore las pastillas en el aceite, por los dos lados, dándoles la vuelta con suavidad con una espátula. Sírvalas tibias, decoradas con perejil, limón y las gambas rojas.

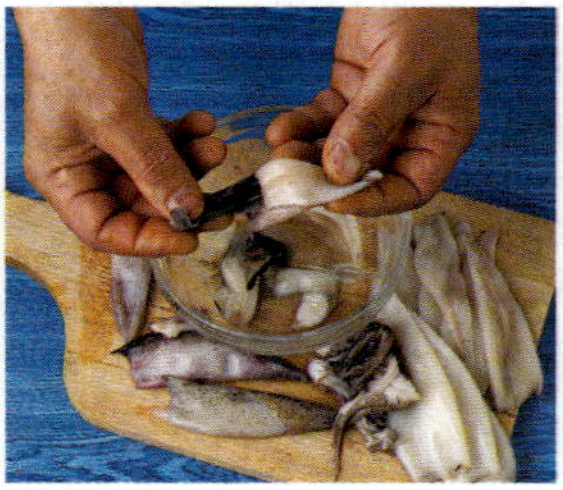

La antigua alcazaba de los Oudaïa, construida a partir del siglo XII, cobijó durante ese siglo a auténticos piratas temidos por todos los navegantes europeos. Al pie de las viejas callejuelas, los barcos de pesca de Rabat descargan cada día en los muelles del río Bou Regreg su cargamento de lubinas, sardinas o salmonetes.

Delicias de lenguado con chermula

4 personas . tiempo de preparación: 1 h . tiempo de cocción: 30 min

delicias de lenguado: 2 lenguados grandes . 100 g de harina . 5 cl de aceite de cacahuete
chermula: 1 manojo de cilantro fresco . 1 manojo de perejil . 2 dientes de ajo
1/2 cucharadita de café de pimentón dulce . 2 g de comino molido
1 cucharada sopera de aceite de oliva . 1 cucharadita de café de vinagre blanco . sal
pimienta . puré de berenjena: 2 berenjenas medianas . 2 cebollas . 2 dientes de ajo
2 tomates grandes . 1/2 cucharadita de café de pimentón dulce
1 cucharada sopera de aceite de oliva . sal . pimienta

Elimine la piel de los lenguados. Deslice el cuchillo a lo largo de la espina central para extraer los filetes. Disponga cada uno de ellos entre dos hojas de plástico de cocina y aplástelas ligeramente con una maza.

Para la chermula, mezcle en una ensaladera el cilantro, el perejil y los 2 dientes de ajo picados, sal, pimienta, el pimentón dulce y el comino. Vierta un chorrito de aceite de oliva y el vinagre. Trabaje los ingredientes hasta obtener una pasta espesa y homogénea.

Cubra cada filete con un poco de chermula (reserve el resto). Pliéguelos sobre sí mismos y déjelos en adobo 30 min. Mientras, corte los tallos de las berenjenas. Pélelas y corte la carne en dados. Hierva las cebollas cortadas, 1 diente de ajo y los tomates pelados. Añada la berenjena. Salpimiente. Cuézalo 10 min. Escúrralo y tritúrelo en el robot de cocina, para obtener un puré.

En una cazuela, sofría 1 diente de ajo picado y el pimentón dulce con un poco de aceite de oliva. Añada el puré de berenjena y el resto de la chermula. A fuego medio, vaya removiendo hasta que la salsa se seque. Una vez marinados, reboce los filetes de lenguado plegados con harina, por los dos lados. Dórelos en la sartén con aceite de cacahuete. Disponga los filetes en los platos sobre un fondo de puré de berenjena; sírvalo bien caliente.

Marinados en una salsa chermula bastante clásica, los filetes de lenguado de nuestro chef se presentan sin embargo de una manera más bien moderna: plegados sobre sí mismos, rebozados y fritos, y acompañados con un puré de berenjena de un color rosado.

El rape con tomate confitado al estilo de Bel Mofid es una creación de nuestro chef. Este último, que oficia en el Sheraton de Casablanca, reelabora con maestría el patrimonio culinario marroquí. Formado en Canadá y Estados Unidos, este apasionado cocinero se apoya en las tradiciones ancestrales de su país para inventar platos originales y sabrosos.

Rape con tomate confitado al estilo de Bel Mufid

4 personas . tiempo de preparación: 35 min . tiempo de cocción: 30 min

500 g de hojas de brik . 2 huevos . 500 g de tomates . 100 g de mantequilla . 1 cebolla
2 cucharadas soperas de azúcar de grano fino . 600 g de filetes de rape
2 g de canela en polvo . 10 ramas de romero . 1 cucharada sopera de aceite de argán
sal . pimienta . vinagreta: 2 cucharadas soperas de aceite de argán
2 limones . 1 tomate . sal . pimienta
para decorar (optativo): colorante de color de azafrán

Ponga a hervir agua con sal, sumerja todos los tomates, incluido el de la vinagreta, y pélelos. Córtelos en daditos y reserve 4 cucharadas soperas para la vinagreta. Pele y pique la cebolla.
Sofría la cebolla con 1 cucharada sopera de aceite de argán. Añada los dados de tomate. Salpimente. Cuézalo unos 10 min. Incorpore la canela en polvo y el azúcar.
Para preparar la vinagreta, exprima un limón. Corte el otro en daditos. Vierta el zumo en un cuenco, añada el aceite de argán, la sal, la pimienta y los dados de limón, así como los de tomate reservados. Mezcle.
Corte el rape en medallones. Corte las ramas de romero. Ensarte una ramita en cada medallón y áselos en la barbacoa.
Funda la mantequilla. Rompa los huevos y reserve las yemas en un recipiente. Extienda las hojas de brik. Úntelas con mantequilla fundida. Disponga un poco de tomate confitado sobre cada hoja. Reserve el resto para decorar.

Enrolle las hojas de brik en forma de cigarro. Selle los extremos con clara batida. Úntelas con mantequilla. Con la ayuda de un molde, forme serpentines. Cuézalos en el horno, a 180° C, 10 min. Dispóngalos en los platos, con el tomate confitado restante, el rape, la vinagreta y el azafrán.

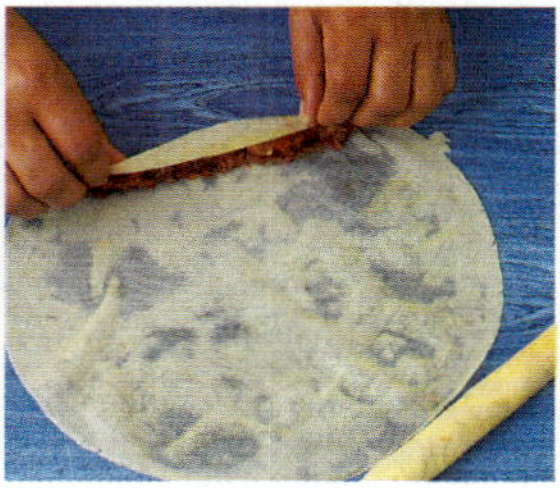

Albóndigas tangerinas del sabbat

8 personas . tiempo de preparación: 1h . tiempo de cocción: 20 min

2 cebollas . 2 kg de guisantes . 12 alcachofas . 2 limones . 1 rama de apio
2 pizcas de hebras de azafrán . 7 cucharadas soperas de aceite vegetal . sal . pimienta
albóndigas: 1 kg de carne de buey picada . 1 rodaja de pan . 1 manojo de perejil . 1 cebolla
1 huevo . 1 cucharadita de café de macis . 1 pizca de nuez moscada rallada
1 pizca de jengibre en polvo . 1 cucharadita de café de cúrcuma . sal . pimienta

Prepare las albóndigas poniendo el pan en remojo en agua. En una ensaladera, disponga la carne de buey picada, la miga y el huevo. Añada la cebolla y el perejil picados, el jengibre, la cúrcuma, el macis y la nuez moscada rallada.

Mezcle con las manos todos los ingredientes. Deje reposar la masa 30 min. Lave el apio. Córtelo en bastoncitos y resérvelo, así como las hojas. Prepare 1 vaso y 1/2 de agua azafranada.

Confeccione albóndigas del mismo grueso humedeciéndose las manos con agua. Separe el número de albóndigas obtenidas en 2 mitades. Exprima los 2 limones y vierta el zumo en una ensaladera llena de agua fría. Pele las alcachofas y córtelas en 2. Elimine los pelillos y sumérjalas en el agua con limón.

Desgrane los guisantes. Pele 2 cebollas y sofríalas ligeramente con 2 cucharadas soperas de aceite vegetal. Vierta 1/2 vaso de agua azafranada. Añada los guisantes y los corazones de alcachofa. Salpimiente.

Cúbralo con agua. Cuézalo, tapado, entre 10 y 15 min.

En una cazuela, disponga la mitad de las albóndigas. Añada 3 cucharadas soperas de aceite vegetal y 1/2 vaso de agua azafranada. Cuézalas, tapadas, unos 15 min.

Introduzca en una cazuela los bastoncitos de apio. Añada el resto de las albóndigas, 2 cucharadas soperas de aceite y el resto del agua azafranada. Salpimiente. Cúbralo con hojas de apio. Cuézalo 20 min. Disponga las albóndigas en una fuente, junto a las otras, con los guisantes y las alcachofas.

La comunidad judía sefardí de Marruecos, particularmente la que está instalada en Tánger, posee un repertorio culinario rico en sabores orientales. Maravillosamente refinada, esta gastronomía ofrece, en función de las diferentes fiestas, platos muy específicos.

Los habitantes de la ciudad, grandes entusiastas de los productos del mar, no se pierden nunca la ocasión de degustarlo. Las brochetas de pez espada se preparan a veces en la misma playa. Esta receta popular es adecuada para una comida o cena entre amigos.

Brochetas de pescado de Essauira

4 personas . tiempo de preparación: 35 min . tiempo de cocción: 20 min

600 g de pez espada . 200 g de arroz . 1 cucharadita de café de pimentón dulce
1 cucharada sopera de aceite vegetal . 50 g de mantequilla . 2 pimientos verdes
2 pimientos rojos . sal . adobo: 6 dientes de ajo . 1 manojo de perejil . 1 manojo de cilantro
1 limón . 1 cucharadita de café de guindilla molida . 1/2 cucharadita de café de comino
1 cucharadita de café de pimentón dulce . sal . pimienta

Para preparar el adobo, mezcle en una ensaladera los dientes de ajo majados, el perejil y el cilantro picados, la guindilla molida, el comino y el pimentón dulce. Exprima el limón y añada el zumo. Salpimiente. Mezcle bien.

Corte el pez espada en cubos regulares. Introdúzcalos en el adobo. Mezcle con delicadeza. Déjelo en adobo un mínimo de 2 h.

Lave los pimientos verdes y los rojos. Despepítelos y córtelos en daditos muy pequeños.

En una cazuela, funda la mantequilla. Añada el arroz y los dados de pimiento. Sofríalo unos 3 min.

Añada 1 cucharadita de café de pimentón dulce. Sale. Cuézalo, tapado, entre 12 y 15 min.

Con los trozos de pez espada marinados, confeccione brochetas. Vierta sobre ellas aceite vegetal y cuézalas a la brasa, en la barbacoa. Sírvalas en los platos, acompañadas con una porción de arroz.

Al caer la noche en Essauira, hay que dirigirse al puerto para asistir a la llegada de los barcos de pesca. Los muelles, hasta entonces adormecidos, parecen despertarse de pronto. El gentío converge hacia el lugar, respondiendo a la llamada de los vendedores de la subasta. En los tenderetes, dispuestos entre las coloridas barcas y las traineras, la actividad es incesante. De los kanun, los braseros, emana un agradable aroma de brochetas asadas a la brasa.

Los chefs marroquíes han elaborado las más suculentas recetas a base de codornices. Mohammed Aitali las hierve en un caldo perfumado con hierbas, cebolla y azafrán. Después, las rellena con una preparación exquisita en la que mezcla almendras tostadas fileteadas con azúcar, sémola, canela y agua de azahar. Tenga la precaución de cocer las aves de lado, en lugar de sobre las pechugas o la espalda; se girarán a media la cocción.

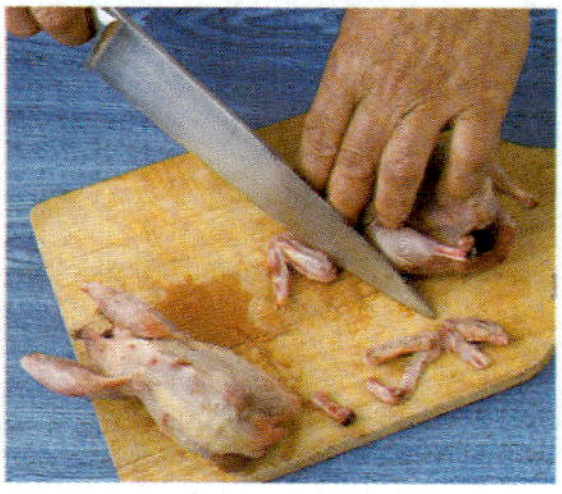

Codornices rellenas con almendras y cuscús

4 personas . tiempo de preparación: 40 min . tiempo de cocción de la sémola: 1 h

8 codornices . 250 g de cebollas . 10 g de ajo .1 pizca de hebras de azafrán . 10 g de perejil
10 g de cilantro fresco . 8 cl de aceite de oliva . 1 pizca de canela en polvo
1 chorrito de agua de azahar . sal . pimienta . relleno: 400 g de sémola para cuscús
200 g de almendras . fileteadas . 50 g de azúcar . 5 g de canela molida
1 chorrito de agua de azahar . 1 chorrito de aceite de oliva . sal
para decorar: 30 g de cilantro fresco (optativo) . 50 g de almendras fileteadas

En una fuente, trabaje la sémola con un chorrito de aceite y otro de agua. Viértala en el colador de la cuscusera. Cuézala al vapor 3 veces 20 min, trabajándola con sal y agua entre cada cocción.

Corte el cuello de las codornices. Lávelas y séquelas, también por dentro, con un papel absorbente. Corte las alas.

Pele las cebollas y el ajo. Píquelos, así como el perejil y el cilantro. En una cazuela, vierta un chorrito de aceite, otro de agua de azahar, el picadillo de hierbas y las codornices. Espolvoree con azafrán, canela, sal y pimienta. Vierta agua hasta cubrir las codornices. Cuézalas 30 min a fuego fuerte.

Tueste 200 g de almendras fileteadas. Tritúrelas. Mézclelas bien con la canela y el azúcar. Vierta la sémola cocida en una fuente y mézclela con la preparación de almendra.

Perfume este relleno con agua de azahar.

Mezcle bien con la cuchara, hasta obtener una masa de un color tostado homogéneo. Extraiga las codornices del caldo y deje que se entibien. Rellénelas con la masa de sémola. Dórelas en seco con 50 g de almendras fileteadas. Sirva las codornices sobre un lecho de jugo de cocción, espolvoreadas con almendra tostada.

La châaria m'dfouna tiene mucho éxito en los restaurantes marroquíes. En este plato festivo, pequeños trozos de paloma se esconden bajo una cúpula de fideos en salsa, bellamente decorada con canela y azúcar glaseado. En las recetas calificadas como m'dfouna, la carne se presenta siempre "enterrada" bajo sémola de cuscús o pasta. Así, el comensal, durante la degustación, va de sorpresa en sorpresa.

Chaaria m'dfouna

4 personas . tiempo de preparación: 50 min . tiempo de cocción de los fideos: 1h 15 min

8 palomas . 500 g de fideos finos . 800 g de cebollas . 1 manojo de perejil
1 manojo de cilantro fresco . 3 g de jengibre molido . 2 o 3 ramas de canela
1 g de hebras de azafrán . 1 pizca de colorante de color de azafrán . 150 g de mantequilla
1 g de goma arábiga en polvo . 1 pizca de nuez moscada
3 cucharadas soperas de aceite de mesa . 5 g de pimienta blanca molida . 5 g de sal
para decorar: 150 g de azúcar glaseado . 2 g de canela molida

Corte el extremo de las alas y las patas de las palomas. Estire del cuello y córtelo. Vacíe las palomas. Corte la cola y practique una incisión profunda en cada pechuga. Lávelas con abundante agua corriente.

Disponga las palomas en una cazuela. Espolvoree por encima la cebolla picada, el colorante, el azafrán, la pimienta, la canela, la mantequilla, la sal, el jengibre, la nuez moscada rallada, la goma arábiga, el perejil y el cilantro picados y 1 cucharada de aceite. Hiérvalo a fuego suave 20-25 min.

En la cazuela de la cuscusera, lleve a ebullición agua salada con aceite. Trabaje los fideos con 1 cucharada de aceite. Colóquelos en el colador de la cuscusera. Cuézalos 30 min al vapor. Después de 5 min de reposo fuera del fuego, cuézalos otros 30 min.

Cuando las palomas estén bien cocidas y tiernas, extráigalas del jugo de cocción y déjelas entibiarse sobre una tabla de cortar. Elimine la piel y deshuese la carne.

Vierta los fideos en la cazuela de la cuscusera, en el líquido que ha servido para proporcionar el vapor. Llévelos a ebullición y cuézalos 10 min. Refrésquelos. Coloque los fideos en una bandeja de horno untada con mantequilla, cúbralos con papel de aluminio y séquelos en el horno.

Disponga un lecho de fideos en la fuente de servir. Vierta un cucharón de salsa. Reparta los trozos de paloma por encima. Cúbralos con fideos y con el resto de la carne de paloma. Corone con fideos. Decore con canela y azúcar glaseado.

Marruecos es un país de contrastes. En esta maravillosa tierra en que las diversidades étnicas y las particularidades regionales han contribuido a enriquecer el patrimonio gastronómico, los modos culinarios se multiplican hasta el infinito. Nuestro chef ha querido homenajear a las comunidades bereber y árabe brindándonos la oportunidad de descubrir dos preparaciones de corazón de cordero.

Corazón de cordero al estilo árabe-bereber

4 personas . tiempo de preparación: 1 h . tiempo de cocción: 20 min

5 cl de aceite vegetal . 5 cl de aceite para freír . pasta de m'ssemen: 500 g de harina . sal
preparación y adobo bereberes: 250 g de corazón de cordero . 1/2 manojo de cilantro
1/2 manojo de perejil . 2 cucharaditas de café de comino . 2 cebollas
3 cucharadas soperas de aceite vegetal . sal. pimienta blanca
relleno árabe: 250 g de corazón de cordero . 1/2 manojo de cilantro
1/2 manojo de perejil . 2 cucharaditas de café de comino . 1 huevo
2 cucharadas soperas de aceite vegetal . sal . pimienta blanca

Prepare la masa de los m'ssemen mezclando en una ensaladera la harina y la sal. Vaya vertiendo agua mientras remueve con un tenedor. Acabe amasando a mano. Deje reposar la pasta 5 min.

Disponga la pasta sobre una superficie untada con aceite. Cójala con las manos y presiónela entre el pulgar y el índice para obtener pequeñas bolas. Colóquelas sobre una tabla y cúbralas con un paño. Déjelas reposar 1 h.

Para la preparación bereber, corte 250 g de corazón de cordero en dados grandes regulares. Para el relleno, corte los otros 250 g en daditos. Prepare el adobo bereber mezclando el cilantro y el perejil picados, el comino, la cebolla, el aceite vegeta, sal y pimienta. Deje los dados de corazón 1 h en adobo.

Para el relleno, sofría los daditos de corazón con 2 cucharadas soperas de aceite vegetal. Salpimiente. Añada el comino y el

cilantro y el perejil picados. Cuézalo unos 10 min. Añada el huevo batido y mezcle.

Extienda las bolas de pasta sobre una superficie lisa untada con aceite. Disponga el relleno de corazón. Pliegue delicadamente la pasta formando triángulos. En una sartén, fría los m'ssemen en el aceite para freír, entre 8 y 10 min. Escúrralos sobre papel absorbente.

Ensarte los dados de corazón de cordero en brochetas y áselas a la barbacoa. Sirva el corazón de cordero al estilo árabe-bereber.

Espalda de cordero al vapor de la cuscusera

6 personas . tiempo de preparación: 35 min . tiempo de cocción: 50 min
3 espaldas de cordero de 1,2 kg . 1 cucharada sopera de comino molido 1 cucharada sopera de sal fina . 6 zanahorias . 2 puerros . 150 g de nabos 2 cebollas 1 manojo de perejil . 1 cucharada sopera de aceite de oliva 1 manojo de cilantro fresco . 150 g de patatas pequeñas . 6 calabacines 150 g de cebollitas . 12 alcachofas violetas . 200 g de guisantes . 150 g de judías verdes masa para sellar la cuscusera: 100 g de harina . 2 huevos

Deshuese las espaldas de cordero y ábralas. Elimine al máximo pielecillas y grasa sobrantes.

Pele 2 zanahorias y 2 cebollas y prepare un trozo de puerro. Disponga los huesos del cordero en la cazuela de una cuscusera grande. Llénela de agua hasta los 3/4 de su capacidad. Añada las hortalizas. Llévelo a ebullición.

Unte bien la carne con sal y con comino. En el colador de la cuscusera, se debe disponer un lecho de perejil y cilantro y depositar sobre él las espaldas de cordero. Vierta un chorrito de aceite de oliva. Encaje el colador de la cuscusera sobre la parte inferior, sin extraer ni los huesos ni las hortalizas.

Prepare la masa para sellar la cuscusera: en un recipiente, mezcle la harina con dos claras de huevo. Amase con la punta de los dedos hasta obtener una pasta homogénea y elástica.

Aplique regularmente la pasta entre el colador y la cazuela de la cuscusera, haciéndola girar. Cúbrala. Llévelo a ebullición y cuézalo 30 min. Mientras tanto, pele las patatas pequeñas, 4 zanahorias, los nabos y las cebollitas.

Prepare los puerros restantes y las judías verdes. Desgrane los guisantes. Pele las alcachofas y corte los calabacines en bastoncitos. Ponga todas estas verduras sobre la carne. Tápelo y cuézalo todo otros 20 minutos.

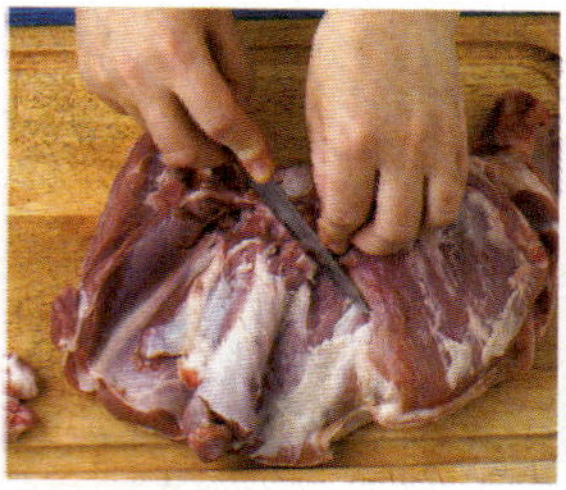

Tierna e impregnada del sabor del comino y de las verduras frescas, la espalda de cordero al vapor es muy popular en Marruecos. Se trata de un plato apreciado durante el Aïd-el-Kébir, en que se conmemora el sacrificio de Abraham con la gran fiesta del cordero. Para esta ocasión, algunas familias llegan incluso a sacrificar dos corderos para satisfacer a sus huéspedes.

Espalda de cordero con orejones y ciruelas pasas

4 personas . tiempo de preparación: 25 min . cocción: 1h 05 min

2 espaldas de cordero . 2 g de hebras de azafrán . 1/2 sobre de colorante der color azafrán
2 cebollas . 1/2 cucharadita de café de jengibre molido . 3 ramas de canela . 40 g de mantequilla
2 cucharadas soperas de aceite de oliva . 4 cucharadas soperas de aceite de cacahuete
1 manojo de cilantro fresco .1 manojo de perejil . 150 g de ciruelas pasas
50 g de azúcar . 1 limón . 100 g de orejones de albaricoque . pimienta . sal

Ponga los albaricoques en remojo en un bol con agua tibia. Limpie las espaldas de cordero. Practique incisiones superficiales en la carne con un cuchillo, entrecruzando las líneas.

En una cazuela, caliente 2 cucharadas soperas de aceite de cacahuete. Añada las cebollas picadas, 2 ramas de canela, las hebras de azafrán y el colorante, sal y pimienta. Sofríalo a fuego fuerte. Incorpore las espaldas de cordero. Déles la vuelta varias veces para que se impregnen bien con las especias.

Vierta sobre la carne 2 cucharadas soperas de aceite de oliva y de cacahuete y espolvoree con el jengibre. Vierta agua hasta cubrir la carne. Cuézala 30 min.

Al cabo de ese tiempo, agregue el cilantro y el perejil picados. Continúe la cocción otros 30 min, como mínimo.

Para preparar las ciruelas, vierta agua en una cazuela y añada 1 rama de canela, rodajas de limón, el azúcar y las ciruelas.

Hiérvalas hasta que estén tiernas. Escurra los albaricoques y sofríalos con 20 g de mantequilla.

Coloque el cordero en una fuente. Pase la salsa por el chino, sobre una cazuela. Redúzcala a fuego vivo. Añada un trozo de mantequilla y bata para que se integre en la salsa. Siga reduciéndola. Vierta la salsa sobre la carne y decore con los albaricoques y las ciruelas.

Llamada en árabe delaa, la espalda de cordero constituye una pieza apreciada en las mesas marroquíes. Estofada en una untuosa salsa de azafrán, la delaa de nuestro chef se guarnece con ciruelas pasas escalfadas con canela y limón, y orejones confitados en mantequilla. Pero según la inspiración del cocinero, también se puede estofar con ciruelas rellenas con nueces, alcachofas, guisantes...

Jarrete de ternera al hinojo

4 personas . tiempo de preparación: 30 min . tiempo de cocción: 1h 5 min

1 kg de jarrete de ternera . 5 bulbos de hinojo . 1 cebolla . 4 dientes de ajo
1/2 cucharadita de café de jengibre en polvo . 1 pizca de hebras de azafrán . 2 limones
1 manojo de perejil . 1 manojo de cilantro . 2 tomates . 3 cucharadas soperas de aceite vegetal
sal . pimienta . relleno: 150 g de carne de buey picada . 1 cebolla . tallos verdes de hinojo
sal . pimienta . para decorar (optativo): hojas de eneldo

Exprima los 2 limones y vierta el zumo en una ensaladera con un poco de agua. Corte el extremo de los bulbos de hinojo. Deshoje 4 hasta el corazón y dispóngalos en la ensaladera. Pique finamente todo el bulbo restante.

En un recipiente, prepare el relleno mezclando la carne de buey picada con la cebolla picada y los tallos de hinojo finamente cortados. Salpimiente.

Rellene las hojas de hinojo con la mezcla de carne picada. Resérvelas en la nevera.

En una cazuela con 3 cucharadas soperas de aceite vegetal, sofría el jarrete de ternera cortado en trozos. Incorpore la otra cebolla y el hinojo picados, los dientes de ajo chafados y el perejil y el cilantro picados. Salpimiente. Agregue el jengibre y el azafrán. Cuézalo unos 10 min.

Vierta agua hasta cubrir la carne. Tape la cazuela. Cuézalo unos 40 min. A media cocción, incorpore los tomates pelados y cortados en daditos.

Disponga en la cazuela, con cuidado, las hojas de hinojo rellenas. Cuézalo todo junto, a fuego muy suave, unos 15 min. Disponga el jarrete en los platos, acompañado con el hinojo relleno. Decore con hojas de eneldo.

El jarrete de buey al hinojo es un plato tradicional marroquí. Particularmente apreciado en la región de Casablanca, este manjar de fácil realización rezuma sabores mediterráneos.

Llamado besbes en árabe, el hinojo crece en estado silvestre en los campos marroquíes. Esta planta umbilífera se reconoce por su perfume anisado y puede alcanzar los dos metros de altura; aparece sobre todo en los terrenos arenosos del litoral.

Kurdass de pollo, champiñones y cebolla

4 personas . tiempo de preparación: 45 min . tiempo de cocción: 40 min

8 escalopes de pollo de 140 g . 8 muslos de pollo . 320 g de champiñones . 320 g de cebollitas
1 manojo de perejil . 1 manojo de cilantro fresco . 2 pizcas de hebras de azafrán
1 cucharada sopera de aceite de oliva . 1 cucharada sopera de aceite de cacahuete
2 cebollas grandes . 40 g de mantequilla . 4 dientes de ajo . 10 g de jengibre
1/2 sobre de colorante de color azafrán . 50 cl de caldo de ave . sal . pimienta

Deposite un escalope de pollo sobre una hoja de plástico de cocina. Cúbralo con otro trozo y aplaste la carne con una maza. Proceda de igual modo con el resto de los escalopes.

Deshuese los muslos de pollo y reserve la carne. Dispóngala sobre una tabla de cortar. Córtela primero en daditos y después píquela en el robot de cocina.

Añada al relleno sal, pimienta, la mitad del cilantro y del perejil picados y 1 pizca de hebras de azafrán. Amase con la mano hasta obtener una pasta homogénea.

Deposite un poco de relleno en el extremo de un escalope. Enróllelo sobre sí mismo para formar un rollito o kurdass. Selle el extremo con un palillo. Prepare así otras 7 kurdass. Por otro lado, pele y pique el ajo y las cebollas.

Sofría la cebolla y el ajo en una mezcla de aceites de oliva y cacahuete. Incorpore las kurdass, y déles la vuelta durante la cocción. Agregue una pizca de azafrán y el

colorante, el jengibre, el cilantro, el perejil, los champiñones cortados en cuartos y las cebollitas peladas.

Cueza las kurdass unos 40 minutos, hasta que estén tiernas, añadiendo caldo de ave de vez en cuando. Al final de la cocción reduzca la salsa y emulsiónela con mantequilla. Sirva las kurdass cortadas en su salsa de cebolla y champiñones.

La kurdass es una especie de escalope relleno original que imaginaron los ancestros marroquíes. En la receta tradicional, el relleno, confeccionado con hígado y corazón de cordero, hierbas y especias, se introducía en una tripa de cordero. Bouchaïb Kama ha adaptado el plato a los gustos más actuales utilizando pollo.

Tradicionalmente, los baghrir se cuecen sobre unos ladrillos llamados zelige. Los marroquíes afirman que la preparación de estas deliciosas crêpes ha sido un éxito si están llenas de agujeritos.

Baghrir con dátiles de Tefilalet

4 personas . tiempo de preparación: 40 min . tiempo de cocción: 15 min

250 g de dátiles de Tafilalet . 100 g de almendras peladas
1 cucharadita de café de canela molida . 1 cucharadita de café de agua de azahar
2 cucharadas soperas de miel . pasta de los baghrir: 250 g de harina . 250 g de sémola fina
1 huevo . 2 sobres de levadura química . 1 cucharadita de café de levadura de panadería
sal . para decorar: miel . almendras troceadas

Prepare la pasta mezclando en una ensaladera la harina y la sémola. En otro recipiente, mezcle con el batidor de varillas las 2 levaduras con el huevo, sal y 1 vaso de agua tibia. Poco a poco, incorpórelo a la mezcla de harina y sémola. Mezcle hasta obtener una pasta homogénea. Déjela reposar 1 h.

Sobre una tabla de cortar, deshuese los dátiles y córtelos en daditos muy pequeños. Trocee las almendras y luego tuéstelas. Reserve una pequeña parte para decorar y ponga el resto en una ensaladera. Añada los dátiles, la canela molida y el agua de azahar.

Mezcle el relleno chafándolo con el reverso de una cuchara. Añada 2 cucharadas soperas de miel. Mezcle bien.

Con un cucharón, vierta la pasta de los baghrir en la sartén, sin haberla untado con grasa, para darles la forma de una crêpe.

Rellene los baghrir con la pasta de dátiles. Enróllelos. Dispóngalos en los platos. Vierta por encima un poco de miel y decore con almendras troceadas.

Los baghrir son unas crêpes típicamente marroquíes. Elaborados con harina, sémola fina, huevo, levaduras, sal y agua, se consumen en cualquier momento del día. Por lo general se untan con miel y se ofrecen a los invitados como signo de bienvenida.

Bocaditos de almendras y clavo

8 personas . tiempo de preparación: 20 min . tiempo de cocción: 15 min

1 kg de almendras . 4 huevos . 150 g de azúcar de grano fino . 1 pizca de clavo molido
1 cucharadita de café de canela molica . 2 sobres de levadura química
1 sobre de vainilla azucarada . 250 g de azúcar glaseado

Disponga las almendras sin pelar sobre la bandeja del horno y tuéstelas 5 min. Introduzca 900 g de almendras en el recipiente del robot de cocina y tritúrelas (guarde el resto para decorar).

Vierta el azúcar en una ensaladera. Agregue los huevos y el clavo molido.

Añada la levadura química, la vainilla azucarada y la canela. Con el batidor de varillas, bata enérgicamente.

Incorpore en la mezcla las almendras tostadas y picadas. Amase con la mano hasta obtener una pasta homogénea.

Con las manos, coja pequeñas porciones de pasta y forme bolitas. Aplástelas ligeramente.

Reboce con rapidez una cara de cada bolita con azúcar glaseado. Coloque media almendra tostada en el centro de cada bocadito. Deposítelos sobre una bandeja de horno untada con aceite. Cuézalos 10 min al horno, a 140° C.

En Marruecos, estas delicias se incluyen en la categoría de las pastas llamadas ghriba. Se pueden saborear ghribas de dos tipos: la variedad tostada que ofrecemos aquí se recubre con azúcar glaseado y se carameliza parcialmente en el horno. La m'soussa, por el contrario, es blanca; incluye mantequilla y no está perfumada con clavo. La levadura permite a los bocaditos hincharse durante la cocción y propicia la aparición en la superficie de pequeñas fisuras, que constituyen un tipo de decoración.

En la pasta, será suficiente añadir una minúscula pizca de clavo molido, pues su poderoso aroma, que evoca el regaliz y la violeta, podría dominar demasiado. Si están enteros, májelos finamente en un mortero, pues al degustar una pasta no es nada agradable morder un trocito de clavo.

Briuates de almendras y miel

4 personas . tiempo de preparación: 30 min . tiempo de cocción: 15 min

1 kg de almendras . 375 g de azúcar de grano fino . 1/2 vaso de té de agua de azahar
2 cucharaditas de café de canela en polvo . 2 cucharadas soperas de mantequilla
2 o 3 huevos . 2 kg de miel . 10 hojas de brik . 1 pizca de goma arábiga en grano
aceite para freír

Sumerja las almendras en una cazuela con agua hirviendo y espere que la piel se abra. Extráigalas del agua con una espumadera, déjelas entibiarse y pélelas.

En una sartén, caliente aceite. Cuando humee, sumerja 250 g de almendras peladas y dórelas 5 min. Píquelas con el robot de cocina y resérvelas.

Triture entonces en el robot los 750 g de almendras peladas restantes, junto con el azúcar.

Deposite la pasta de almendra obtenida en una fuente. Incorpore la almendra frita y picada y mézclelas bien. Forme un rollo grande con la pasta.

Añada la goma arábiga majada, la mantequilla, el agua de azahar y la canela. Amase hasta obtener una pasta homogénea. A parte, bata los huevos en un bol.

Corte bandas de brik. Deposite una bolita de relleno en el extremo inferior de una banda. Pliéguela en triángulo a derecha e izquierda, alternativamente, hasta arriba. Selle con yema de huevo. Fría las briuates y sumérjalas en la miel.

En los bufetes ceremoniales, las pirámides de briuates de almendras y miel esperan a ser devoradas por los invitados, a quienes se les hace la boca agua por su aspecto dorado y crujiente. Literalmente, la palabra árabe briuate es el plural de bra, que significa sobre. Los fantásticos sobres encierran un tierno relleno compuesto de almendras, canela y agua de azahar.

Las briuates más corrientes son pastelitos triangulares rellenos con una bolita de pasta de almendra. Sin embargo, el relleno se puede dividir en pequeñas porciones y enrollar con un trozo de hoja de brik para obtener un pastelito en forma de cigarro.

Briuates de fruta fresca

4 personas . tiempo de preparación: 40 min . tiempo de cocción: 10 min

4 hojas de brik . 1 manzana . 1 plátano . 1 pera . 100 g de fresas . 1 kiwi . 1 limón
100 g de azúcar de grano fino . 50 g de mantequilla . 2 cl de agua de azahar
100 g de nueces . 1 huevo . 20 cl de aceite para freír . para decorar: 50 g de azúcar glaseado
20 g de canela en polvo . hojas de menta (opcional)

Prepare las frutas: pele la manzana, la pera, el kiwi y el plátano. Lave las fresas. Corte todas las frutas en daditos y coloque cada variedad en un bol pequeño. Pique las nueces.

Exprima el limón. Vierta el zumo en un vaso y añada el azúcar de grano fino y el agua de azahar. Vierta un poco de esta mezcla en cada bol de fruta y déjela macerar 5 min.

En una sartén, funda la mantequilla. Sofría por separado los dados de pera, manzana, fresa, kiwi y plátano.

Escurra la fruta y mézclela en una ensaladera. Incorpore las nueces picadas.

Coloque las hojas de brik una sobre otra. Pliéguelas en 2, y después en 4. Córtelas en bandas. Separe la clara de la yema del huevo. En un bol, bata la yema y resérvela. Rellene las bandas de brik con el preparado de fruta. Pliéguelas en triángulos doblando alternadamente a derecha e izquierda, para que el relleno no se escape por los bordes. Selle el extremo con yema de huevo. Fría las briuates unos 3 o 4 min. Escúrralas. Espolvoréelas con azúcar glaseado y canela.

Si alguna vez tiene el privilegio de ser invitado a entrar en una casa marroquí, seguramente tendrá ocasión de saborear las deliciosas briuates, unas pastitas rellenas de almendra. Nuestra chef expone aquí toda una innovación, pues ha adaptado estas pastas tradicionales utilizando para el relleno fruta fresca.

En Marruecos se cultivan fresas. Este fruto ya era muy apreciado por los romanos que ocuparon el país. Cuenta la leyenda que las fresas, ricas en vitamina C y minerales, favorecen la longevidad. Escoja unas fresas intactas, que no estén húmedas y con el tallo fresco. Cuando vaya a prepararlas, evite sumergirlas en agua al lavarlas. Esta receta se puede elaborar con otras frutas, pero hay que evitar utilizar cítricos.

Estas pastas también se cuentan entre las que se ofrecen para acompañar el café después de un festín de boda. Existe otra variedad de chabakia cuya pasta, de un color anaranjado, se enrolla como un turbante y se fríe para finalmente sumergirla en un jarabe.

Chabakia

4 personas . tiempo de preparación: 30 min . tiempo de cocción: 10 min

500 g de harina . 1 huevo . 2 cucharadas soperas de vinagre blanco . 200 g de almendras
1 cucharadita de café de canela molida . 150 g de semillas de sésamo
1 cucharada sopera de semillas de anís . 2 sobres de levadura química
50 g de mantequilla . 10 cl de aceite de oliva . 1 pizca de goma arábiga en grano
1 pizca de hebras de azafrán . 10 cl de agua de azahar . 1 kg de miel . aceite para freír

Tueste el sésamo en una sartén, sin untarla con grasa. En una ensaladera, mezcle el huevo con el vinagre, las almendras peladas y picadas, la canela, el anís majado, 100 g de sésamo triturado, la mantequilla fundida con aceite de oliva y el agua de azahar.

Bata con el batidor de varillas. Añada la levadura, el azafrán y la goma arábiga majados, y después la harina. Amase con la mano, enérgicamente, hasta obtener una pasta firme y homogénea. Forme bolas y déjelas reposar 15 min.

Sobre una superficie lisa enharinada, extienda finamente una bola de pasta con el rodillo. Con un cortador, corte un rectángulo grande, y después divídalo en 6 rectángulos pequeños.

En un rectángulo de pasta, practique con el cortador 6 cortes paralelos, sin llegar al borde. Pase los dedos entre las tiras para separarlas, selle el borde con los dedos y haga sobresalir las tiras por el medio.

Prepare el resto de las chabakia. Sumérjalas en aceite humeante y dórelas hasta que estén casi marrones. Con una espumadera, extráigalas del aceite.

Sumerja inmediatamente las chabakia en un recipiente lleno de miel, y déles la vuelta con la espátula. Escúrralas en un escurridor. Espolvoréelas con las semillas de sésamo restantes.

Durante el Ramadán, los marroquíes tienen por costumbre romper el ayuno saboreando la sopa harira, acompañada con dátiles y crujientes trenzas con miel.

Estas pastas se encuentran codo a codo con las indispensables briuates de miel y almendras, m'hancha, cuernos de sésamo y chabakia. En total, son unas veinticinco clases de pastitas distintas las que se ofrecen a los invitados.

Cuernos de gacela

4 personas . tiempo de preparación: 50 min . tiempo de cocción: 55 min

relleno de almendra: 1 kg de almendras . 500 g de azúcar . 1 limón . 10 cl de agua de azahar
2 cucharadas soperas de aceite . 1 pizca de goma arábiga en grano . 2 huevos . aceite
pasta de los cuernos de gacela: 250 g de harina . 1 huevo . 1 cucharada sopera de mantequilla
10 cl de agua de azahar . decoración de los cuernos de sésamo: 4 huevos
500 g de semillas de sésamo . aceite para untar la bandeja

Para preparar la pasta de los cuernos, disponga la harina en una ensaladera en forma de volcán. Incorpore la mantequilla fundida y una clara de huevo. Amase con un poco de agua. Añada el agua de azahar. Amase hasta obtener una textura de pasta de tarta y déjela reposar 15 min.

Para el relleno de almendra, escalde las almendras y pélelas. Tritúrelas en el robot de cocina, junto con el azúcar.

Añada el agua de azahar y 2 yemas de huevo, y ralle el limón por encima. Agregue la mantequilla y la goma arábiga majada. Amáselo bien todo junto.

Unte una fuente grande con aceite. Divida el relleno en bolitas y forme croquetas alargadas con las manos untadas con aceite.

Para los cuernos de sésamo, bata 4 claras de huevo y unte la mitad de las porciones de pasta de almendra.

Rebócelas rápidamente con el sésamo dándoles forma con las manos. Deposítelas sobre una bandeja de horno untada con

aceite y cuézalas 15 minutos en el horno.

Para los cuernos de gacela, extienda una bola de masa. Coloque una porción de pasta de almendra, estire de la masa y dóblela por encima. Déle forma de cuerno y recórtelo con el cortador. Confeccione el resto de los cuernos. Déjelos reposar 8 minutos. Hornéelos 40 min.

Auténticas estrellas de la pastelería marroquí, los cuernos de gacela se incluyen en todos los bufés de fiestas religiosas.

Crêpes con miel del Atlas

6 personas . tiempo de preparación: 20 min . tiempo de cocción: 3 a 4 min

Crêpes: 500 g de sémola muy fina . 2 g de sal . 2 huevos . 2 sobres de levadura química
1 dado de levadura de panadería . salsa: 100 g de mantequilla . 100 g de miel

Disponga la sémola en una ensaladera, en forma de volcán. Vierta en el centro sal, la levadura química, la levadura de panadería desmigajada y los huevos.
Empiece a batir la pasta. Añada el agua tibia poco a poco, sin dejar de batir.
Vierta la preparación en el recipiente del robot de cocina. Bata hasta obtener una crema amarilla pálida, lisa y homogénea. Viértala en una ensaladera y déjela reposar 20 min junto a los fogones.
Caliente una sartén pequeña antiadherente, sin añadir grasa. Vierta un cucharón pequeño de pasta en la sartén. Cueza la crêpe por un solo lado, hasta que esté firme y presente el aspecto de un nido de abeja de un amarillo pálido uniforme.
Funda la mantequilla en un cazo. Déjela reposar un instante. Cuélela con un colador fino, dejando la máxima cantidad de depósito posible en el fondo del cazo. Mezcle esta mantequilla clarificada con la miel.
Justo antes de servir, sumerja rápidamente cada crêpe en la mantequilla con miel. Sírvalas tibias.

Las crêpes con miel del Atlas se pueden servir como postre o como desayuno. En Marruecos, se llaman beghrir y presentan un aspecto de "nido de abeja", debido a sus miles de alvéolos. Los marroquíes suelen ofrecer como reconstituyente a las mujeres que acaban de dar a luz una sopa harira acompañada con beghrir. Como base de la pasta, se escogerá una sémola de trigo duro de un bonito color dorado y muy fina. Así, la textura de las crêpes será muy tierna. Al realizar esta receta, algunos chefs mezclan harina con la sémola. Sin embargo, Amina Khayar prefiere utilizar sólo sémola, para que la pasta sea más ligera.

También mezcla levadura química y levadura de panadería: según ella, es la mejor manera de obtener bonitos agujeritos repartidos por toda la crêpe. Además, el hecho de añadir agua tibia disuelve la levadura y favorece su acción. Deje reposar la pasta cerca del fuego para que la levadura actúe y la hinche.

Fakkas

4 personas . tiempo de preparación: 20 min . tiempo de cocción: 30 min

8 huevos . 250 g de azúcar de grano fino . 200 g de mantequilla . 200 g de almendras
2 sobres de levadura química . 1 sobre de vainilla azucarada . 1 kg de harina . 200 g de pasas
1 chorrito de agua de azahar . aceite de mesa

Chafe las almendras en el mortero, pero no demasiado, para conservar algunos trozos. Con el batidor de varillas, bata en una ensaladera el azúcar con 7 huevos, hasta que la mezcla esté blanquecina.

Agregue la mantequilla ablandada, un chorrito de aceite, las almendras picadas, las pasas, la vainilla azucarada y el agua de azahar. Bata ligeramente. Transfiera la pasta a una fuente grande.

Incorpore la levadura y la harina tamizada. Amase a mano hasta obtener una pasta espesa, firme y homogénea. Sepárela en varias porciones.

Con cada porción, modele una barrita de unos 20 cm de largo por 3 cm de ancho. Úntelas con yema de huevo batida. Deposítelas sobre una bandeja de horno untada con aceite y dórelas 15 min en el horno. Deje que las fakkas se enfríen.

Deposite las fakkas sobre una tabla de cortar. Córtelas en rodajas biseladas de unos 5 mm de espesor. Cuézalas otros 15 min en el horno, hasta que se doren.

Como la mayoría de las pastas marroquíes, estos pastelitos se caracterizan por la presencia insistente de almendras. El almendro, que pertenece a la familia de las rosáceas, produce frutos de junio a finales de setiembre. Éstos se recogen mediante varazos o sacudiendo el árbol; después se retira el envoltorio verde aterciopelado, no comestible, y se ponen a secar. Las almendras secas se pueden presentar a lo largo de todo el año, bajo distintas formas: con su cáscara, descascarilladas pero con la piel, peladas o incluso ya picadas.

Nuestra chef añade a veces a la pasta anís majado o sésamo, o sustituye las almendras por nueces. Cuando no dispone de nueces ni almendras, Fatima utiliza sólo semillas de sésamo. Las pasas que se incluyen en la preparación se producen en el noroeste de Marruecos, hacia Khmissat y T'ifelt. En los mercados marroquíes se pueden comprar variedades rojas, blancas o negras.

Otros títulos de la colección

La Fundación, 15 Polígono Industrial Santa Ana 28529 Rivas-Vaciamadrid Madrid Tel. 34 91 666 50 01 Fax 34 91 301 26 83

asppan@asppan.com www.onlybook.com

ISBN: (E) 84-96048-55-1

ISBN: (E) 84-96048-61-6

ISBN: (E) 84-96137-48-1

ISBN: (E) 84-96048-54-3

ISBN: (E) 84-96137-51-1

ISBN: (E) 84-96048-56-X

ISBN: (E) 84-96048-53-5

ISBN: (E) 84-96048-59-4

ISBN: (E) 84-96048-60-8

ISBN: (E) 84-96048-57-8

ISBN: (E) 84-96048-58-6

ISBN: (E) 84-96137-50-3